Impressum
Verlag: BABADADA GmbH, Nedderfeld 112 , 22529 Hamburg
Geschäftsführer / Verlagsleitung: Harald Hof
Druck: Books on Demand GmbH, In de Tarpen 42, 22848 Norderstedt

Imprint
Publisher: BABADADA GmbH, Nedderfeld 112 , 22529 Hamburg, Germany
Managing Director / Publishing direction: Harald Hof
Print: Books on Demand GmbH, In de Tarpen 42, 22848 Norderstedt

shule

училище

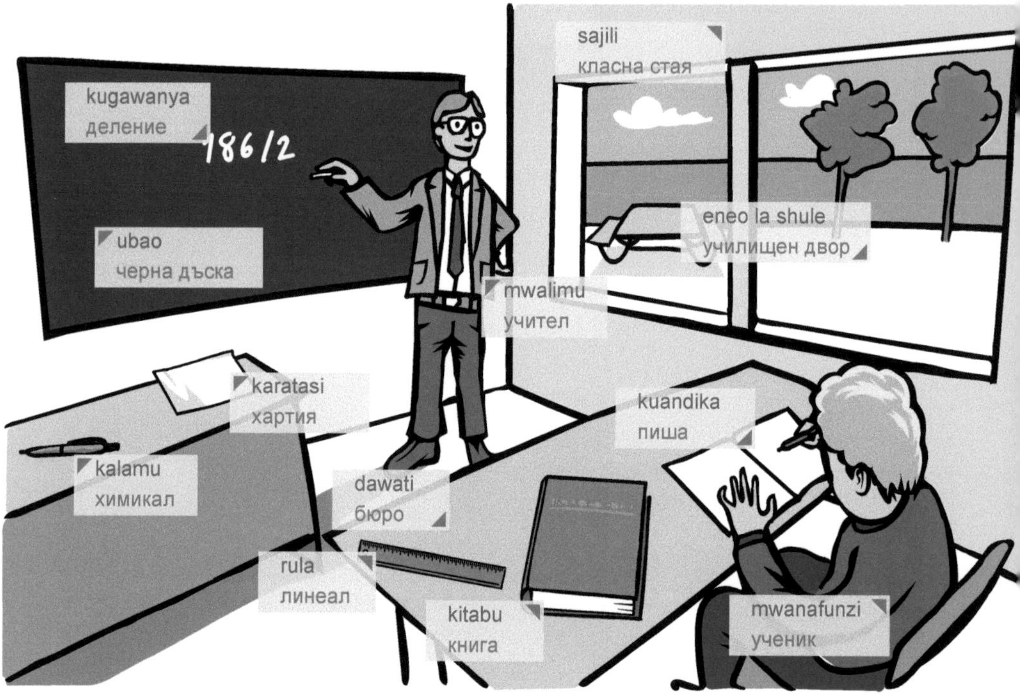
sajili
класна стая
kugawanya
деление
186/2
ubao
черна дъска
eneo la shule
училищен двор
mwalimu
учител
karatasi
хартия
kuandika
пиша
kalamu
химикал
dawati
бюро
rula
линеал
kitabu
книга
mwanafunzi
ученик

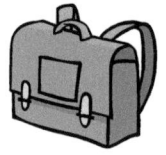

mkoba

ученическа раница

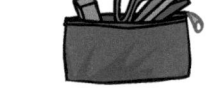

kikasha cha penseli

ученически несесер

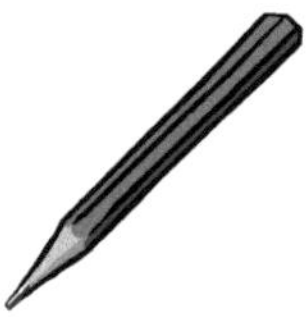

penseli

молив

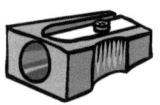

kichonga penseli

острилка за моливи

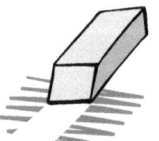

mpira

гума

pedi ya kuchora

блок за рисуване

uchoraji

рисунка

brashi ya rangi

четка

sanduku la rangi

акварелни бои

mkasi

ножица

gundi

лепило

daftari

тетрадка за упражнения

kazi ya nyumbani

домашна работа

12

nambari

число

2+2

jumlisha

събиране

5-2

ondoa

изваждане

2×2

zidisha

умножение

kokotoa

смятане

A

barua

буква

ABCDEFG
HIJKLMN
OPQRSTU
VWXYZ

alfabeti

азбука

hello

neno

дума

maandishi

текст

kusoma

чета

chaki

тебешир

somo

час

sajili

дневник на класа

uchunguzi

изпит

cheti

свидетелство

sare za shule

ученическа униформа

elimu

образование

elezo

справочник

chuo kikuu

университет

darubini

микроскоп

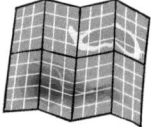

ramani

карта

kikapu cha kuweka karatasi chafu

кошче за хартиени отпадъци

shule - училище

usafiri

пътуване

hoteli
хотел
Grand
hosteli
хостел
ROOMS
EXCHANGE
ofisi ya ubadilishanaji
обменно бюро
sanduku
куфар
gari
кола

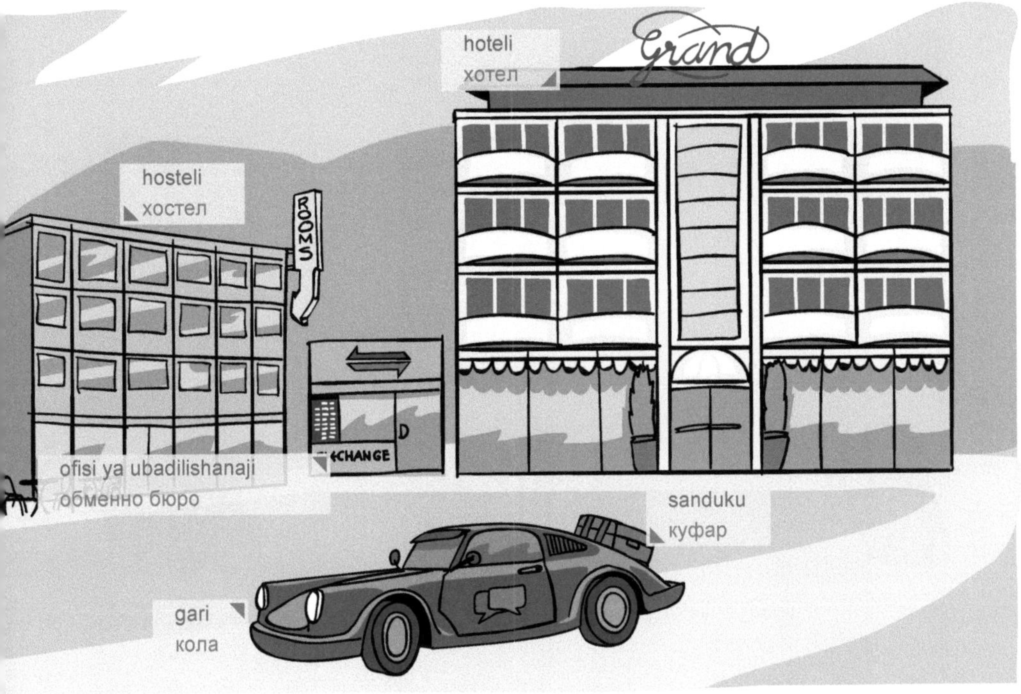

lugha

език

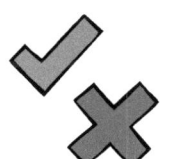

ndiyo / la

да / не

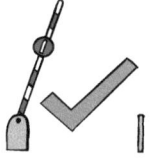

sawa

Окей

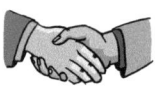

hujambo

здравей

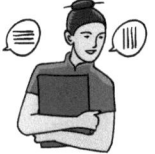

mtafsiri

преводач

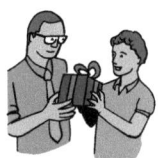

Asante

Благодаря

kiasi gani ni ...?

Колко струва…?

Sielewi

Не разбирам

tatizo

проблем

Jioni njema!

Добър вечер!

Habari za asubuhi!

Добро утро!

Usiku mwema!

Лека нощ!

kwa heri

довиждане

mwelekeo

посока

mizigo

багаж

mfuko

пътна чанта

shanta

раница

mgeni

посетител

chumba

стая

begi la kulalia

спален чувал

hema

палатка

usafiri - пътуване

taarifa ya utalii

туристическа информация

ufuo

плаж

kadi

кредитна карта

kifunguakinywa

закуска

chakula cha mchana

обед

chakula cha jioni

вечеря

tiketi

билет

kuinua

асансьор

muhuri

пощенска марка

mpaka

граница

mila

митница

ubalozi

посолство

visa

виза

pasipoti

паспорт

usafiri

транспорт

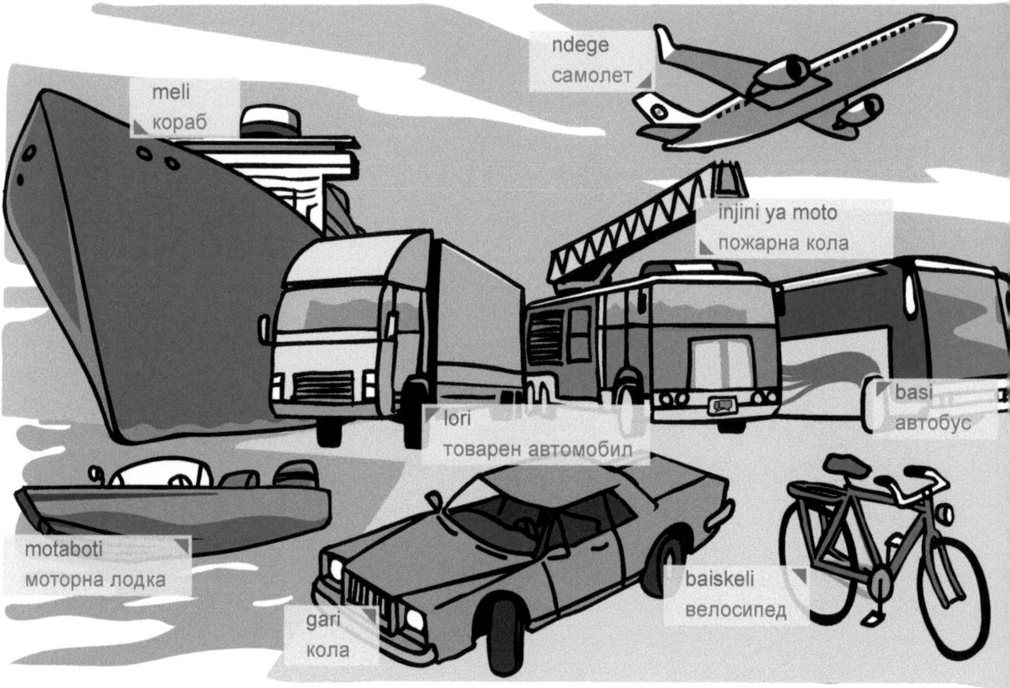

ndege
самолет
meli
кораб
injini ya moto
пожарна кола
basi
автобус
lori
товарен автомобил
motaboti
моторна лодка
baiskeli
велосипед
gari
кола

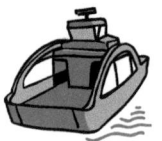

feri

фериботъ

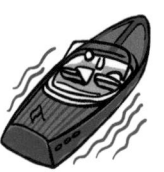

mashua

лодка

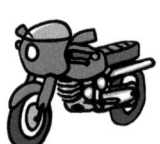

pikipiki

мотоциклет

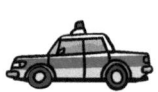

gari la polisi

полицейска кола

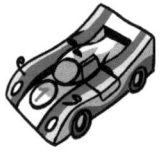

gari la mashindano

състезателна кола

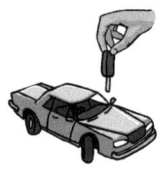

gari la kukodisha

кола под наем

kushiriki gari

каршеринг

lori la kuvuta

автомобил от "Пътна помощ"

ukusanyaji taka

сметовоз

motor

двигател

mafuta

бензин

kituo cha mafuta

бензиностанция

ishara trafiki

пътен знак

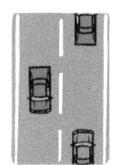

trafiki

улично движение

msongamano

задръстване

maegesho

паркинг

kituo cha treni

гара

reli

релси

garimoshi

влак

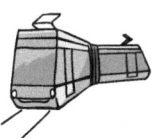

tremu

трамвай

gari la mizigo

вагон

helikopta

хеликоптер

uwanja wa ndege

аерогара

mnara

кула

abiria

пасажер

chombo

контейнер

katoni

кашон

mkokoteni

ръчна количка

kikapu

кошница

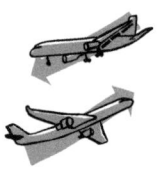

ondoka

излитам / приземявам се

jiji

град

kijiji

село

katikati ya jiji

градски център

nyumba

къща

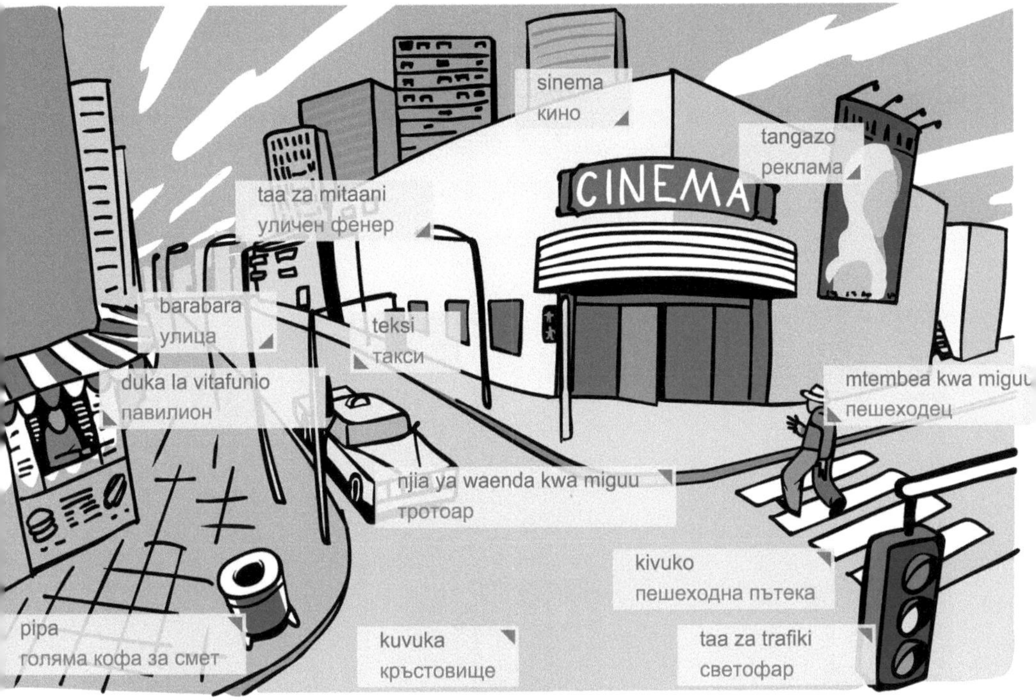

sinema / кино

tangazo / реклама

taa za mitaani / уличен фенер

barabara / улица

teksi / такси

duka la vitafunio / павилион

mtembea kwa miguu / пешеходец

njia ya waenda kwa miguu / тротоар

kivuko / пешеходна пътека

pipa / голяма кофа за смет

kuvuka / кръстовище

taa za trafiki / светофар

kibanda

хижа

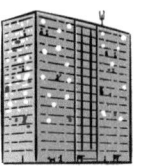

gorofa

жилище

kituo cha treni

гара

ukumbi wa mji

кметство

Makavazi

музей

shule

училище

chuo kikuu

университет

benki

банка

hospitali

болница

hoteli

хотел

duka la dawa

аптека

ofisi

офис

duka la kitabu

книжарница

duka

магазин за цветя

duka la maua

магазин за цветя

dukakuu

супермаркет

soko

пазар

idara ya kuhifadhi

универсален магазин

mwuza samaki

търговец на риба

kituo cha ununuzi

търговски център

bandari

пристанище

Hifadhi

парк

benki

пейка

daraja

мост

vidato

стълба

chini ya ardhi

метро

handaki

тунел

kituo cha mabasi

автобусна спирка

bar

бар

mgahawa

ресторант

sanduku la posta

пощенска кутия

ishara ya barabara

улична табелка

mita ya maegesho

часовник за паркинг
престой

bustani ya wanyama

зоологическа градина

kidimbwi cha kuogelea

плувен басейн

msikiti

джамия

shamba

селски двор

uchafuzi

замърсяване на околната
среда

makaburini

гробище

kanisa

църква

uwanja wa michezo

детска площадка

hekalu

храм

mazingira
пейзаж

jani
листо

ishara ya mwelekeo
пътепоказател

njia
път

malisho
ливада

jiwe
камък

mti
дърво

mtembeaji wa masafa
пътешественик

mto
река

nyasi
трева

ua
цвете

bonde

долина

kilima

планина

ziwa

море

msitu

гора

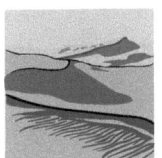

jangwa

пустиня

volkano

вулкан

ngome

замък

upinde wa mvua

дъга

uyoga

гъба

mtende

палма

mbu

комар

kuruka

муха

chungu

мравка

nyuki

пчела

buibui

паяк

mende

бръмбар

chura

жаба

kuchakuro

катеричка

nungunungu

таралеж

sungura

заек

bundi

кукумявка

ndege

птица

swan

лебед

nguruwe mwitu

диво прасе

kulungu

елен

aina ya kongoni

лос

bwawa

бент

tabo ya upepo

вятърна турбина

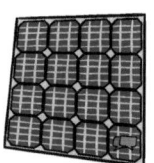

nishaji ya jua

соларен модул

hali ya hewa

климат

mgahawa
ресторант

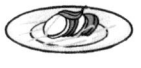

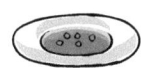

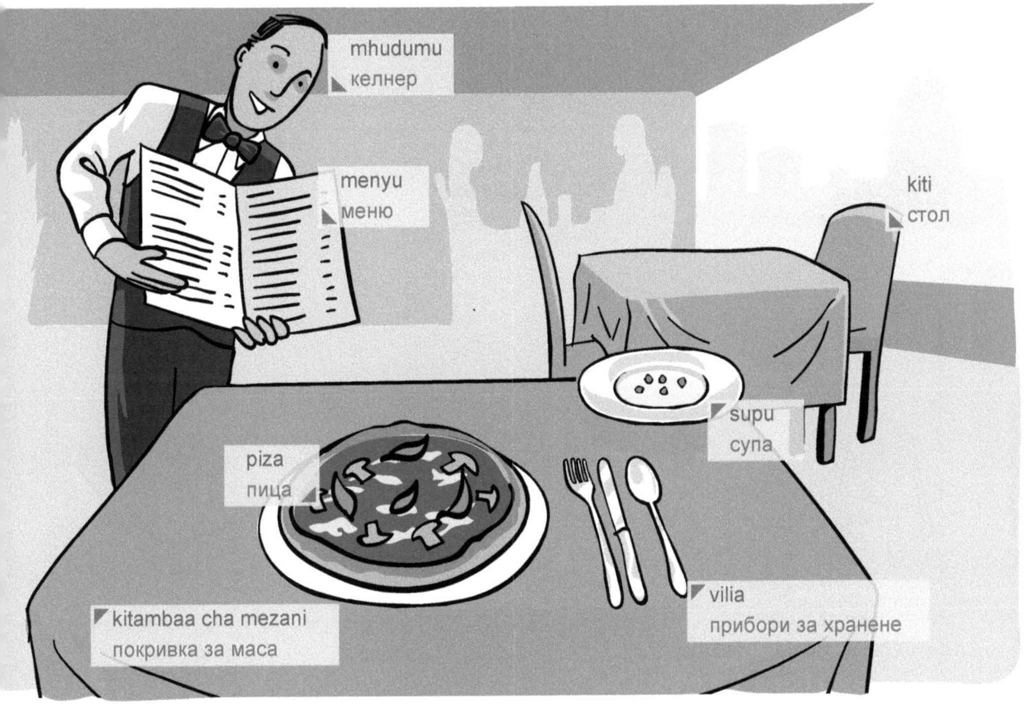
mhudumu
келнер
menyu
меню
kiti
стол
supu
супа
piza
пица
vilia
прибори за хранене
kitambaa cha mezani
покривка за маса

kiamsha hamu

предястие

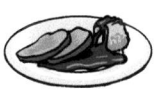

kozi kuu

основно ястие

kitindamlo

десерт

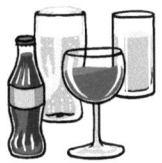

vinywaji

напитки

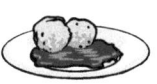

chakula

ядене

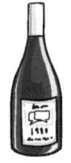

chupa

бутилка

chakula cha haraka

бързо хранене

Streetfood

улична храна

buli

кана за чай

kisanduku cha sukari

кутия за захар

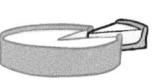

sehemu

порция

mashine ya espresso

еспресо машина

kiti kirefu

висок детски стол

muswada

сметка

trei

табла

kisu

ножица за нокти

uma

вилица

kijiko

лъжица

kijiko cha chai

чаена лъжичка

nepi

салфетка

glasi

стъклена чаша

mgahawa - ресторант

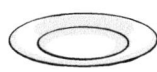

sahani

чиния

sahani ya supu

чиния за супа

sufuria

чинийка

mchuzi

сос

kichanyaji chumvi

солница

kinu cha pilipili

мелничка за черен пипер

siki

оцет

mafuta

олио

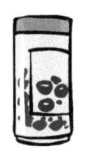

viungo

подправки

kechapu

кетчуп

haradali

горчица

kachumbari nzito

майонеза

dukakuu

супермаркет

ofa maalum
оферта
FOR
mteja
клиент
maziwa
млечни продукти
matunda
плодове
toroli
количка за покупки

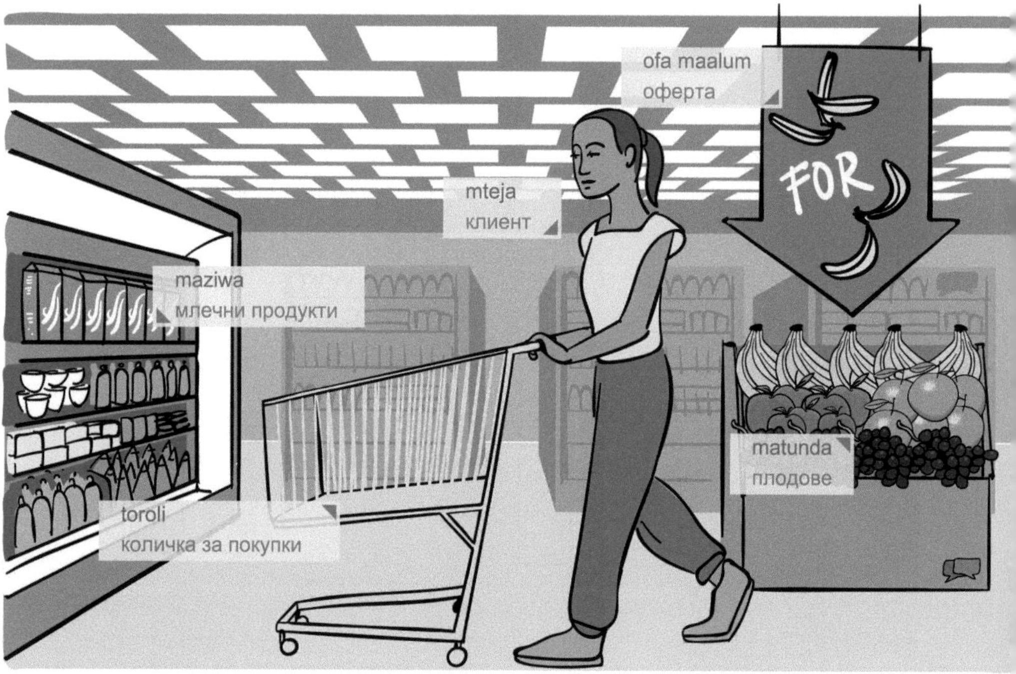

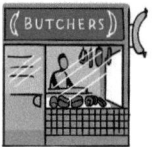

BUTCHERS

mchinjaji

клaница

BAKERY

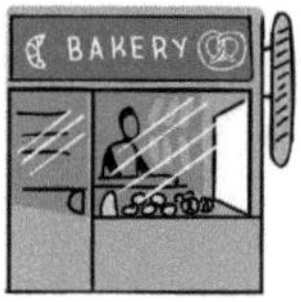

mwokaji

хлебарница

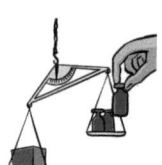

uzito

тегля

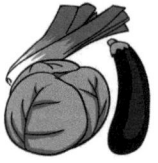

mboga

зеленчуци

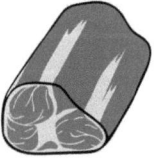

nyama

месо

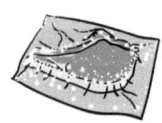

chakula waliohifadhiwa

дълбоко замразена храна

vipande vya nyama baridi

нарязан колбас или сирене

chakula cha kopo

консерви

sabuni ya unga

перилен препарат

pipi

лакомства

bidhaa za kaya

домакински изделия

bidhaa za kusafisha

почистващи препарати

mtu mauzo

продавачка

mpaka

каса

keshia

касиер

orodha ya manunuzi

списък на покупките

masaa ya ufunguzi

работно време

mkoba

портфейл

kadi

кредитна карта

mfuko

чанта

mfuko wa plastiki

пластмасова торба

напитки

maji

вода

sharubati

сок

maziwa

мляко

coke

кола

mvinyo

вино

bia

бира

pombe

алкохол

kakao

какао

chai

чай

kahawa

кафе машина

spreso

еспресо

kapuchino

капучино

ndizi

банан

tufaha

ябълка

machungwa

портокал

tikiti

пъпеш

lemon

лимон

karoti

морков

kitunguu saumu

чесън

mianzi

бамбук

kitunguu

лук

uyoga

гъба

karanga

ядки

nudo

макарони

spageti

спагети

mpunga

ориз

saladi

салата

vibanzi

пържени картофи

viazi vya kukaanga

печени картофи

piza

пица

hambaga

хамбургер

sandwichi

сандвич

kipande

шницел

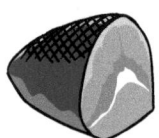

paja la mnyama

шунка

salami

траен колбас

soseji

салам

kuku

пиле

choma

печено

samaki

риба

oats ya uji

овесени ядки

muesli

мюсли

cornflakes

корнфлейкс

unga

брашно

kroisanti

кроасан

andazi

хлебчета

mkate

хляб

mkate wa kubanika

препечена филийка

biskuti

бисквити

siagi

масло

maziwa mgando

извара

keki

сладкиш

yai

яйце

yai kukaanga

яйца на очи

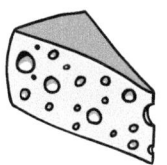

jibini

сирене

aiskrimu

сладолед

sukari

захар

asali

мед

jemu

мармалад

kuenea kwa chokoleti

нуга крем

mchuzi wa viungo

къри

shamba

селски двор

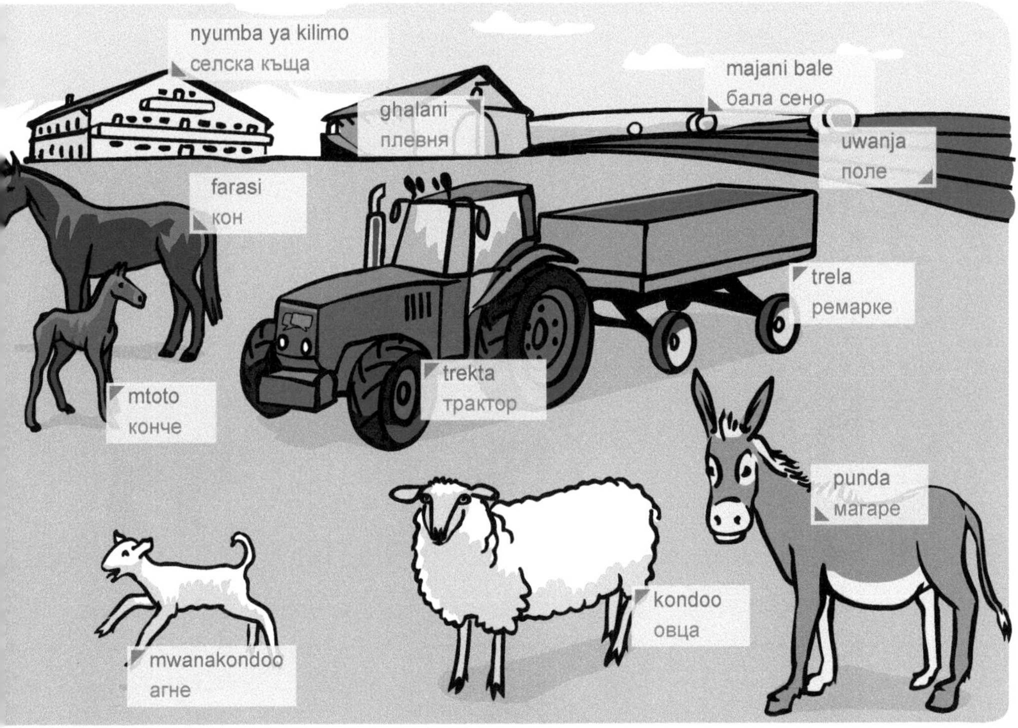

nyumba ya kilimo
селска къща
majani bale
бала сено
ghalani
плевня
uwanja
поле
farasi
кон
trela
ремарке
trekta
трактор
mtoto
конче
punda
магаре
kondoo
овца
mwanakondoo
агне

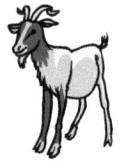

mbuzi

коза

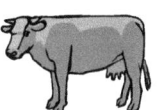

ng'ombe

крава

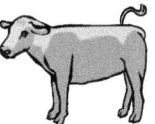

ndama

теле

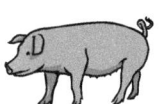

nguruwe

свиня

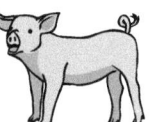

mwananguruwe

прасенце

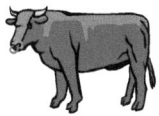

fahali

бик

batabukini

гъска

bata

патица

kifaranga

пиленце

kuku

кокошка

jogoo

петел

panya

плъх

paka

котка

panya

мишка

ng'ombe

вол

mbwa

куче

nyumba ya mbwa

кучешка колиба

bomba la bustani

градински маркуч

debe la kumwagilia maji

лейка

fyekeo

коса

kulima

плуг

mundu

сърп

jembe

мотика

uma wa nyasi

вила за тор

shoka

брадва

toroli

ръчна количка

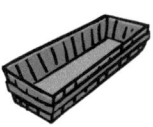

kupitia nyimbo

корито

chombo cha maziwa

съд за мляко

gunia

чувал

ua

ограда

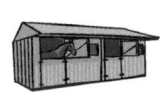

imara

обор

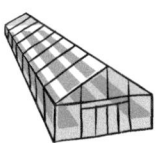

chafu

парник

udongo

земя

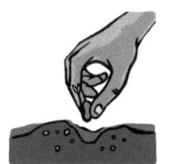

mbegu

сеитба

mbolea

тор

kivunaji

комбайн

mavuno

жъна

mavuno

реколта

viazi vikuu

ямс

ngano

жито

soya

соя

viazi

картоф

mahindi

царевица

rapa

рапица

mti wa matunda

овощно дърво

muhogo

маниока

nafaka

зърнени храни

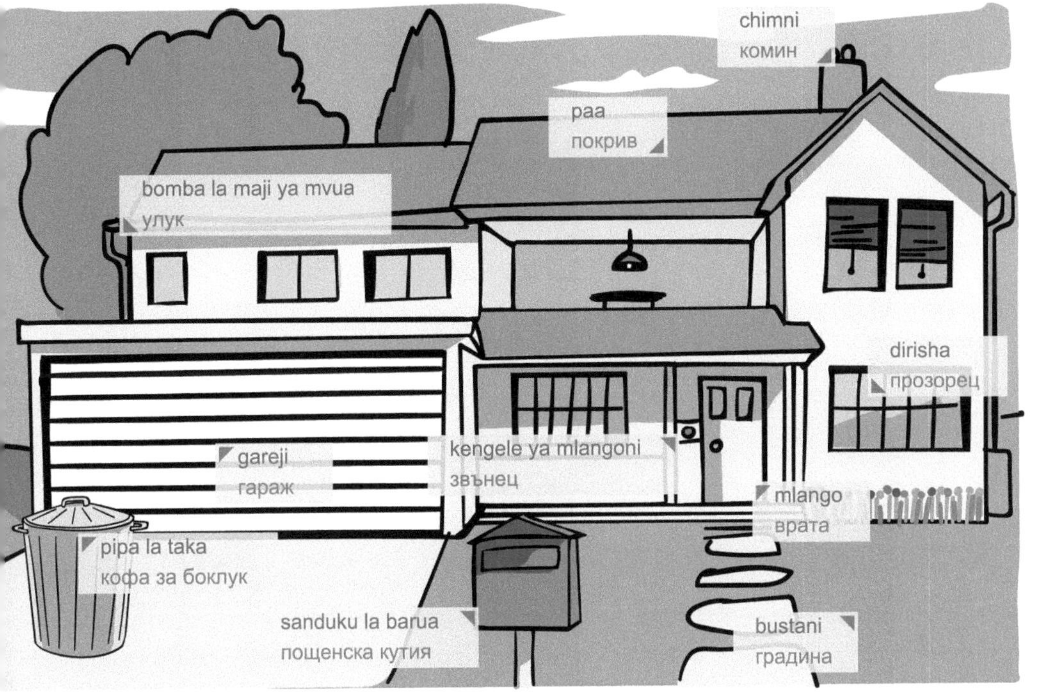

chimni
комин

paa
покрив

bomba la maji ya mvua
улук

dirisha
прозорец

gareji
гараж

kengele ya mlangoni
звънец

mlango
врата

pipa la taka
кофа за боклук

sanduku la barua
пощенска кутия

bustani
градина

sebuleni

всекидневна

bafu

баня

jikoni

кухня

chumba cha kulala

спалня

chumba ya mtoto

детска стая

chumba cha kulia

трапезария

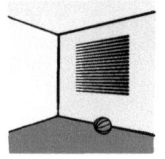

sakafu
....
под

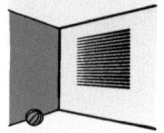

ukuta
....
стена

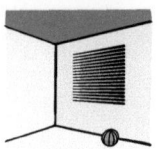

dari
....
таван

pishi
....
изба

sauna
....
сауна

roshani
....
балкон

mtaro
....
тераса

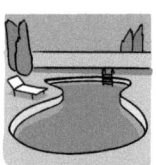

kidimbwi
....
плувен басейн

mashine ya kukata nyasi
....
косачка

karatasi
....
спално бельо

kitambaa cha kupamba
kitanda
....
покривка за легло

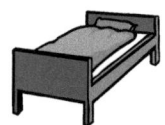

kitanda
....
легло

ufagio
....
метла

ndoo
....
кофа

kubadili
....
електрически ключ

sebuleni
всекидневна

mandhari
тапет
picha
картина
taa
лампа
rafu
рафт
kabati
шкаф
televisheni/runinga
телевизор
mekoni
камина
ua
цвете
mto
възглавница
sofa
канапе
chombo cha maua
ваза
kitenzambali
дистанционно управление

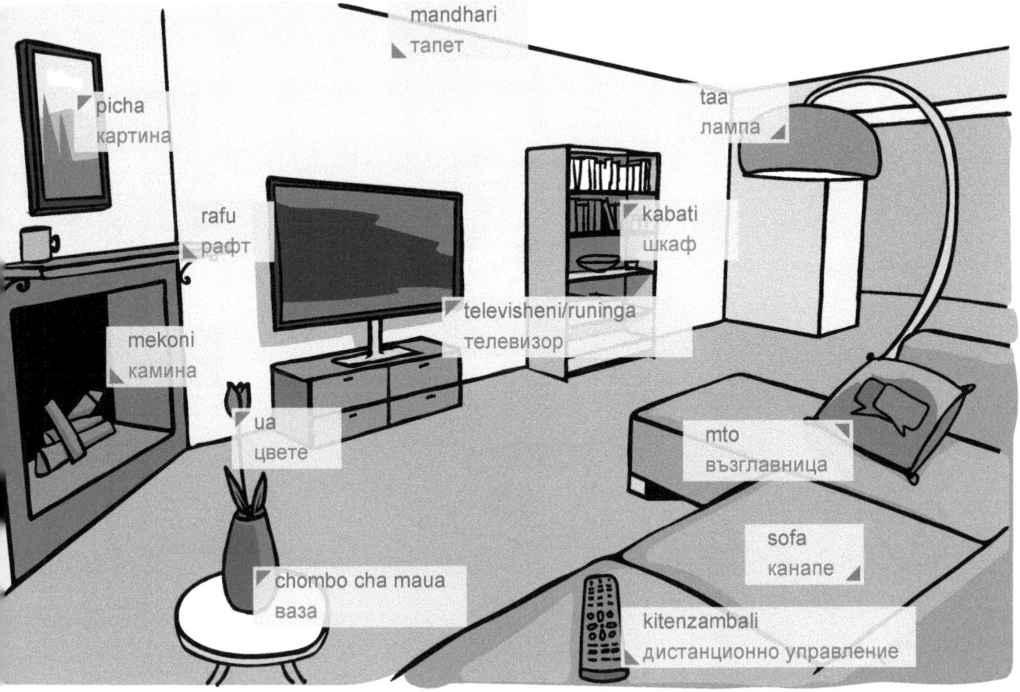

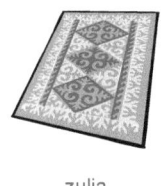

zulia

килим

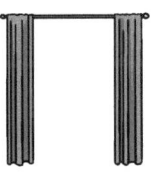

pazia

завеса

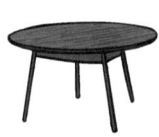

meza

маса

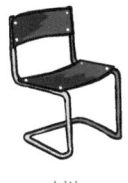

kiti

стол

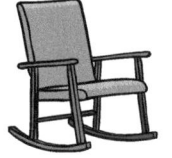

kiti cha bembea

люлеещ се стол

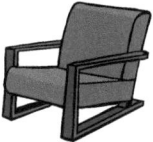

armchair

кресло

kitabu

книга

blanketi

одеяло

mapambo

декорация

kuni

дърва за отопление

filamu

филм

kifaa cha hi-fi

стерео уредба

ufunguo

ключ

gazeti

вестник

uchoraji

живопис

bango

постер

redio

радио

daftari

бележник

kifyonza

прахосмукачка

dungusi kakati

кактус

mshumaa

свещ

jikoni
кухня

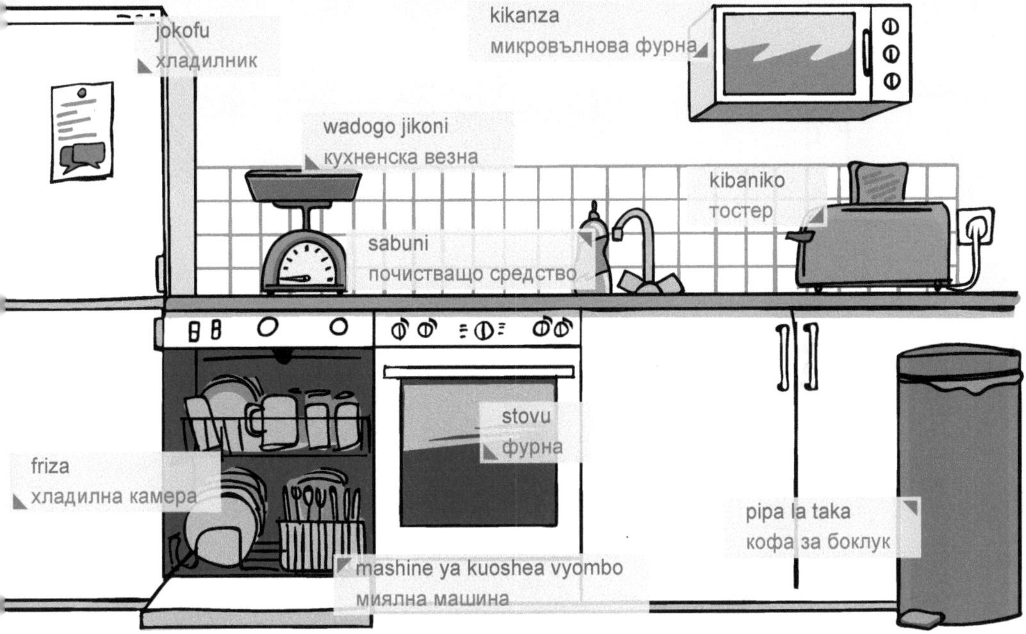
jokofu
хладилник
kikanza
микровълнова фурна
wadogo jikoni
кухненска везна
kibaniko
тостер
sabuni
почистващо средство
stovu
фурна
friza
хладилна камера
pipa la taka
кофа за боклук
mashine ya kuoshea vyombo
миялна машина

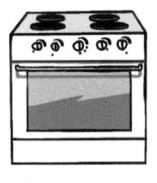

jiko la kupika

готварска печка

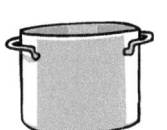

chungu

тенджера

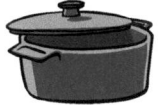

sufuria ya chuma

желязна тенджера

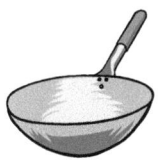

wok / kadai

уок / кадаи

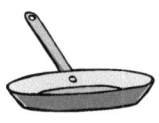

kaango

тиган

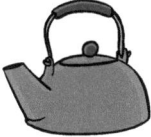

birika

кана за затопляне на вода

stima

уред за готвене на пара

sinia ya kuoka

тава за печене

vyombo vya udongo

съдове

kombe

чаша

bakuli

купа

vijiti vya kulia

клечки за хранене

ukawa

черпак

mwiko mpana

лопатка за тиган

burashi

тел за разбиване (на яйца, белтъци)

kichujio

кошница за варене

chujio

гевгир

mbuzi

ренде

chokaa

хаван

barbeque

барбекю

moto wazi

огнище

ubao wa majaribio

дъска

kijiti cha kusukuma unga

точилка

kizibuo

тирбушон

kopo

кутия

inaweza kopo

отварачка за консерви

kishikio cha chungu

кухненска ръкохватка

karo

мивка

brashi

четка

sifongo

гъба

kisagaji matunda

миксер

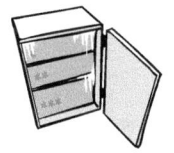

friji ya kina

фризер

chupa ya mtoto

бебешко шише

bomba

воден кран

jikoni - кухня

bafu

баня

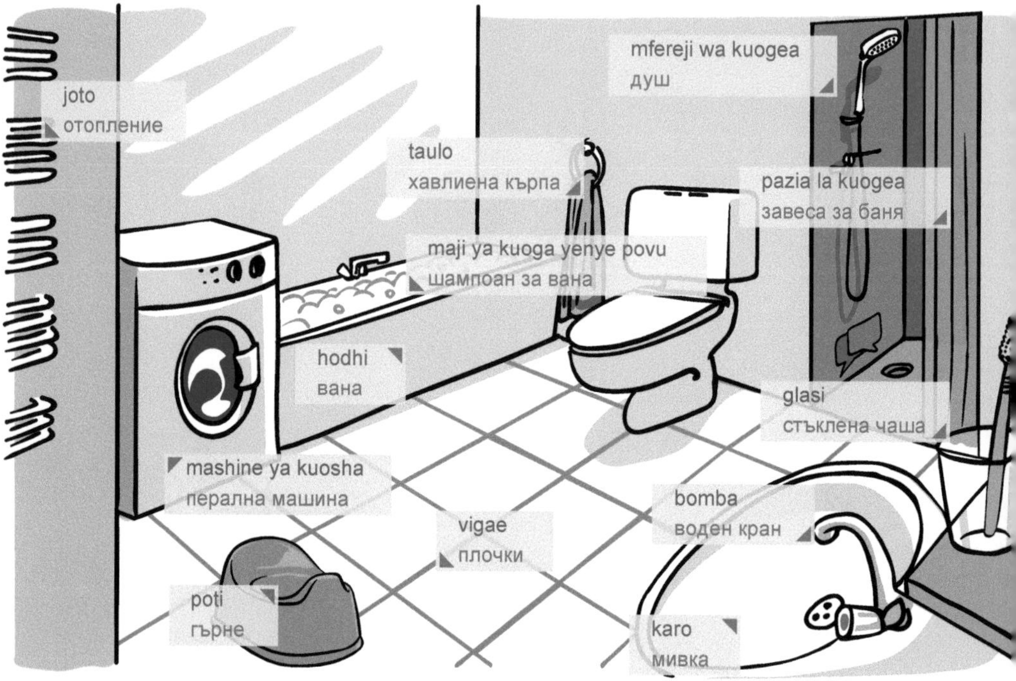

joto
отопление
mfereji wa kuogea
душ
taulo
хавлиена кърпа
pazia la kuogea
завеса за баня
maji ya kuoga yenye povu
шампоан за вана
hodhi
вана
glasi
стъклена чаша
mashine ya kuosha
перална машина
bomba
воден кран
vigae
плочки
poti
гърне
karo
мивка

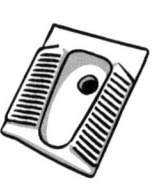

choo

тоалетна

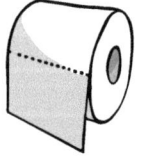

choo cha squat

клекало

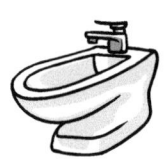

beseni la mviringo

биде

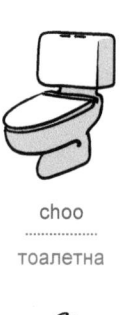

choo cha umma

писоар

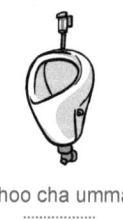

shashi

тоалетна хартия

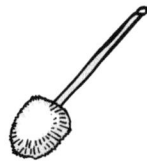

brashi ya choo

четка за тоалетна

mswaki

четка за зъби

dawa ya meno

паста за зъби

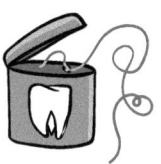

dawa ya meno

конец за зъби

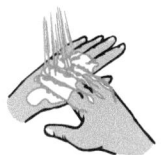

safisha

мия

kuoga mkono

ръчен душ

msukumo wa maji

интимен душ

bonde

леген

mpako wa pili

четка за гръб

sabuni

сапун

jeli ya kuogea

душ гел

shampuu

шампоан за вана

flana

гъба за баня

toa maji

сифон

krimu

крем

kiondoa harufu

дезодорант

kioo

огледало

kioo mkono

козметично огледало

kinyozi

ръчна самобръсначка

povu la kunyoa

пяна за бръснене

baada ya kunyoa

одеколон за след
бръснене

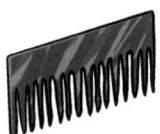

kichana

гребен

brashi

четка

kikausha nywele

сешоар

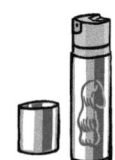

marashi ya nyewele

спрей за коса

vipodozi

грим

kidomwa

червило

varnish ya msumari

лак за нокти

pamba

памук

mkasi wa kucha

ножица за нокти

manukato

парфюм

mkoba wa kuosha

тоалетна чантичка

kinyesi

табуретка

mizani

везна

nguo ya kuoga

хавлия

glavu za mpira

домакински ръкавици

kisodo

тампон

sodo

дамски превръзки

kemikali choo

химическа тоалетна

chumba ya mtoto

детска стая

saa ya kengele
будилник
kidoli cha kupakata
плюшена играчка
gari bandia
автомобил играчка
kelele
дрънкалка
chumba cha midoli
къща за кукли
sasa
подарък

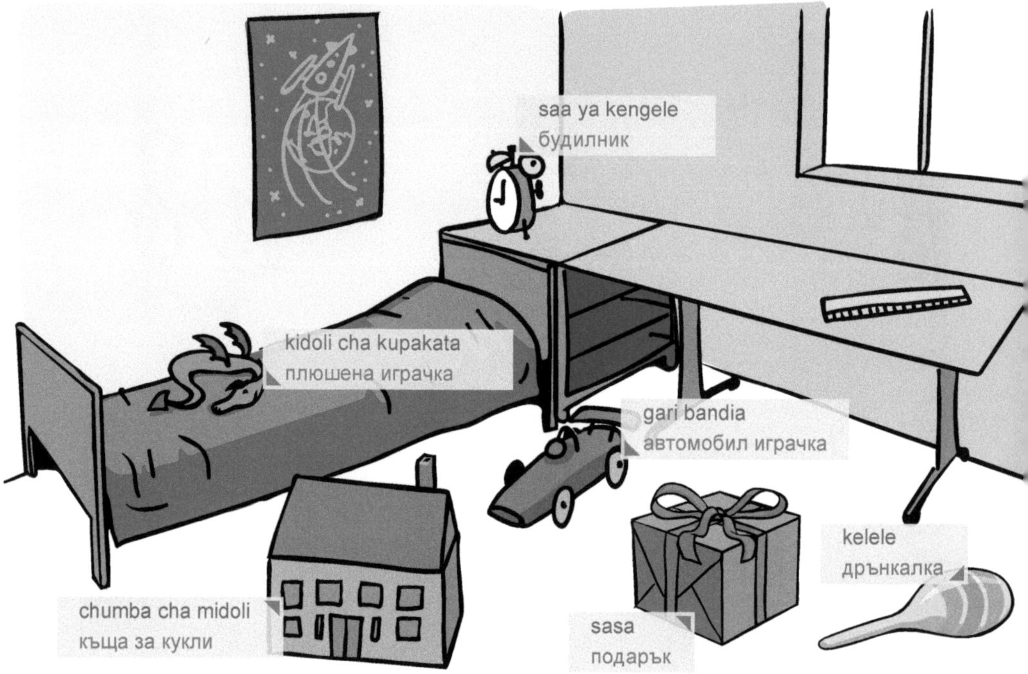

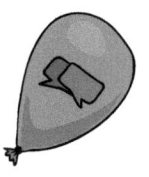

baluni

балон

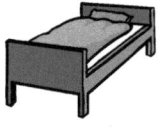

kitanda

легло

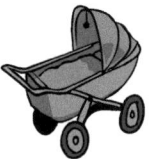

mashua

детска количка

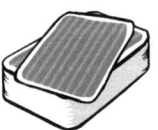

staha ya kadi

игра на карти

mchezo-fumb

пъзел

SUPER MEGA

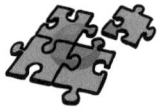

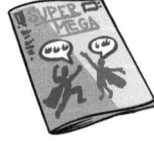

vichekesho

комикс

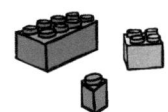

matofali lego

лего елементи

vitalu mwigo

строителни елементи

hatua takwimu

екшън фигурка

suti ya kulalia

бебешки гащеризон

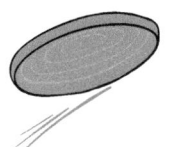

kisahani

фрисби

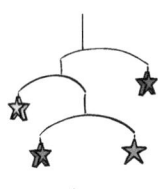

simu

бебешки играчки за легло

ubao wa michezo

настолна игра

kete

зарче

garimoshi mwigo

миниатюрно влакче

dummy

биберон

chama

парти

picha kitabu

детска книга с илюстрации

mpira

топка

kikaragosi

кукла

kucheza

играя

shimo la mchanga

пясъчник

bembea

люлка

vitu bandia

играчка

kiweko cha video ya mchezo

игрова конзола

baiskeli ya magurudumu

велосипед с три колелета

matatu

mwanasesere

плюшено мече

kabati

гардероб

nguo

облекло

soksi

къси чорапи

stokingi

дълги чорапи

kibano

чорапогащник

skafu
шал

mwavuli
чадър

fulana
Т-шърт

ukanda
колан

viatu
ботуши

ndara
пантофи

wakufunzi
гуменки

malapa
сандали

viatu
обувки

mabuti ya mpira
гумени ботуши

suruali ya ndani
слип

sidiria
сутиен

fulana
долна блуза

mwili

боди

suruali

панталон

dangirizi

дънки

sketi

пола

blauzi

блуза

shati

риза

vuta

пуловер

sweta

суичър

bleza

блейзър

jaketi

яке

koti

палто

koti la mvua

дъждобран

maleba

костюм

gauni

рокля

mavazi ya harusi

булчинска рокля

suti

костюм

vazi la usiku

нощница

pajama

пижама

sari

сари

skafu

кърпа за глава

kilemba

тюрбан

burka

бурка

kaftan

кафтан

abaya

абая

vazi la kuogelea

бански костюм

vazi la kiume la kuogelea

плувни шорти

kaptura

къс панталон

teitei

анцуг

aproni

престилка

glavu

ръкавици

kifungo

копче

glasi

очила

bangili

гривна

mkufu

верижка

pete

пръстен

herini

обеца

kofia

каскет

kiango cha koti

закачалка

kofia

шапка

tai

вратовръзка

zipu

цип

kofia

каска

kanda za suruali

тиранти

sare za shule

ученическа униформа

sare

униформа

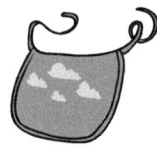

bibu

лигавник

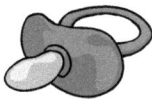

dummy

биберон

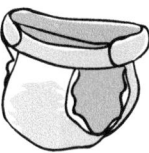

nepi

пелена

ofisi
офис

seva
сървър
kabati la kuweka faili
шкаф за документи
kichapishaji
принтер
karatasi
хартия
kiwambo
монитор
kipanya
мишка
dawati
бюро
folda
папка
kibodi
клавиатура
u cha kuweka karatasi chafu
е за хартиени отпадъци
kompyuta
компютър
kiti
стол

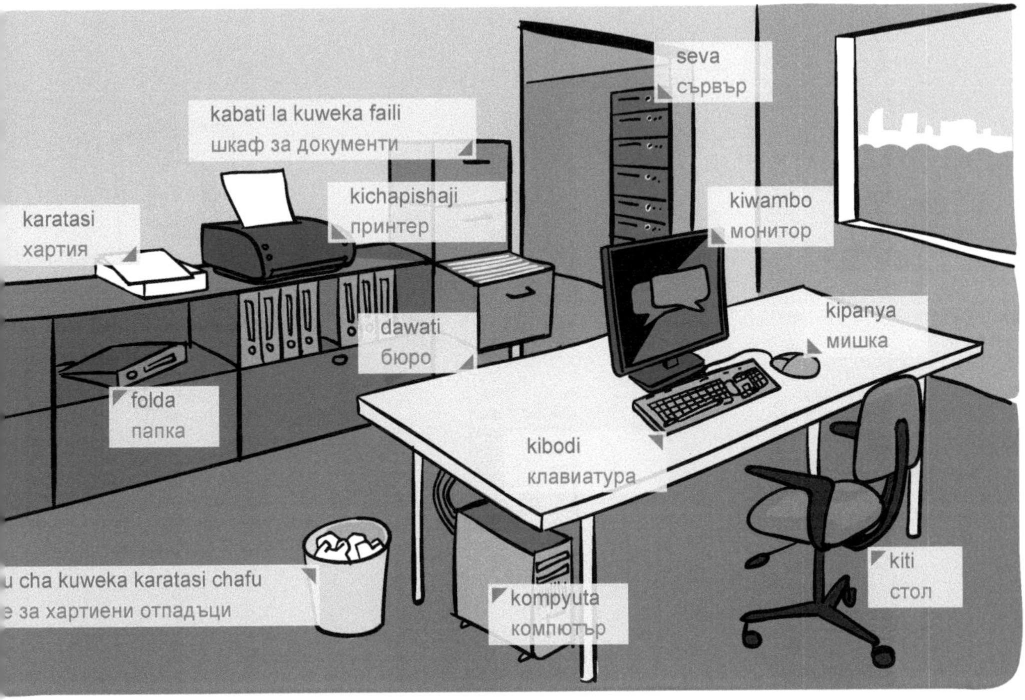

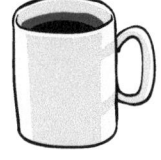

kmobe la kahawa

чаша за кафе

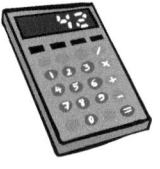

kikokotoo

джобен калкулатор

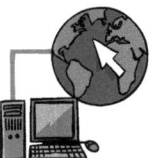

biashara

интернет

mbali

лаптоп

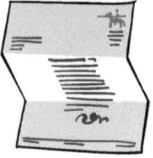

barua

писмо

ujumbe

съобщение

rununu

мобилен телефон

intaneti

мрежа

fotokopia

ксерокс

programu

софтуер

simu

телефон

soketi

контакт

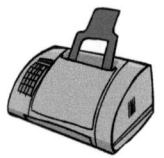

kipepesi

факс

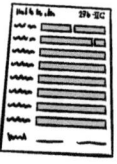

fomu

формуляр

hati

документ

kununua

купувам

kulipa

плащам

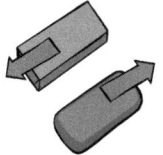

biashara

търгувам

fedha

пари

dola

долар

yuro

евро

yeni

йена

rouble

рубла

faranga ya Uswisi

швейцарски франк

renminbi yuan

ренминби юан

rupia

рупия

eneo la kulipia

банкомат

ofisi ya ubadilishanaji

обменно бюро

dhahabu

злато

fedha

сребро

mafuta

нефт

nishati

енергия

bei

цена

mkataba

договор

kodi

данък

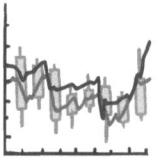

bidhaa

акция

kazi

работя

mfanyakazi

служител

mwajiri

работодател

kiwanda

фабрика

duka

магазин за цветя

afisa wa polisi
полицай

mzimamoto
пожарникар

rubani
пилот

mpishi
готвач

daktari
лекар

mtunza bustani

градинар

seremala

мебелист

mshonaji

шивачка

hakimu

съдия

mwanakemia

химик

muigizaji

артист

dereva wa basi

шофьор на автобус

dereva wa teksi

шофьор на такси

mvuvi

рибар

mwanamke wa kusafisha

чистачка

mwezekaji

майстор на покриви

mhudumu

келнер

mwindaji

ловец

mchoraji

художник

mwokaji

хлебар

umeme

електротехник

mjenzi

строителен работник

mhandisi

инженер

mchinjaji

касапин

fundi bomba

тенекеджия

mwanaposta

пощальон

mwanajeshi

войник

msanifu majengo

архитект

keshia

касиер

muuza maua

цветар

msusi

фризьор

kondakta

кондуктор

mekanika

механик

nahodha

капитан

daktari wa meno

зъболекар

mwanasayansi

научен работник

rabbi

равин

imamu

имàм

mtawa

монах

kasisi

свещеник

zana

инструменти

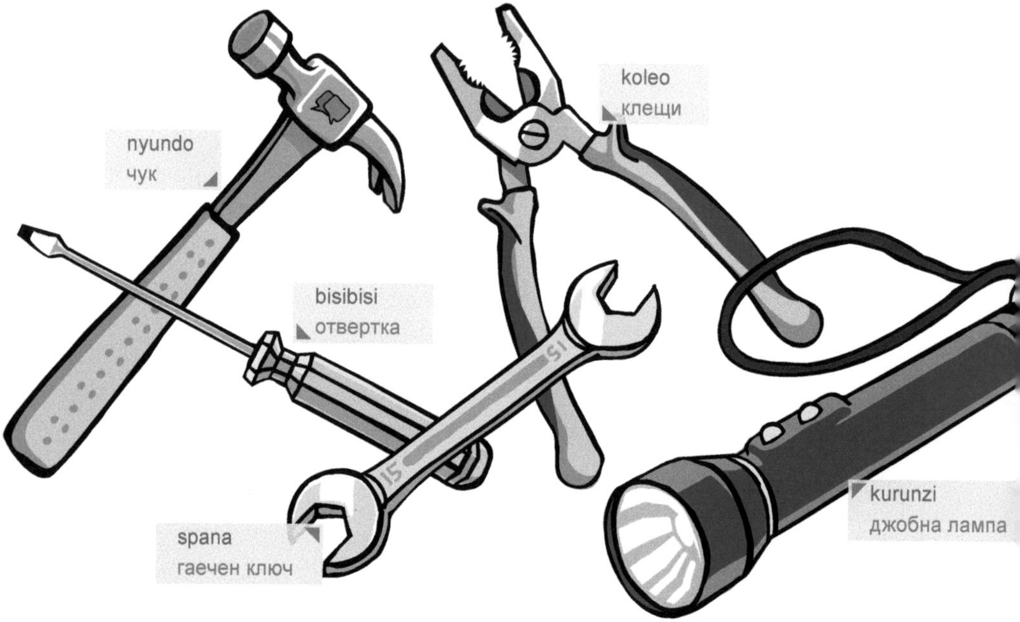

nyundo
чук
koleo
клещи
bisibisi
отвертка
spana
гаечен ключ
kurunzi
джобна лампа

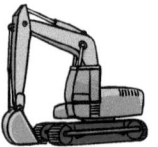

mchimbaji

багер

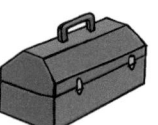

sanduku la vifaa

кутия за инструменти

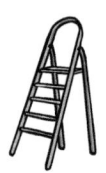

ngazi

стълба

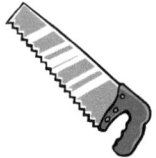

msumeno

трион

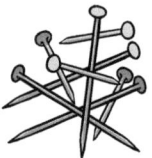

misumari

пирони

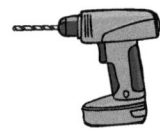

kuchimba visima

бормашина

kukarabati

ремонтирам

sepetu

лопата

Lo!

По дяволите!

kishikio cha uchafu

лопатка за смет

chungu cha rangi

кутия за боя

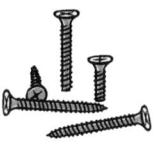

skurubu

болтове

ala za muziki
музикални инструменти

mpangilio wa ngoma
ударни инструменти

spika
високоговорител

gita
китара

besi mara mbili
контрабас

tarumbeta
тромпет

piano

пиано

fidla

виолина

ubeji

контрабас

timpani

тимпан

ngoma

барабан

kibodi

електрическо пиано

saksafoni

саксофон

filimbi

флейта

maikrofoni

микрофон

bustani ya wanyama

зоологическа градина

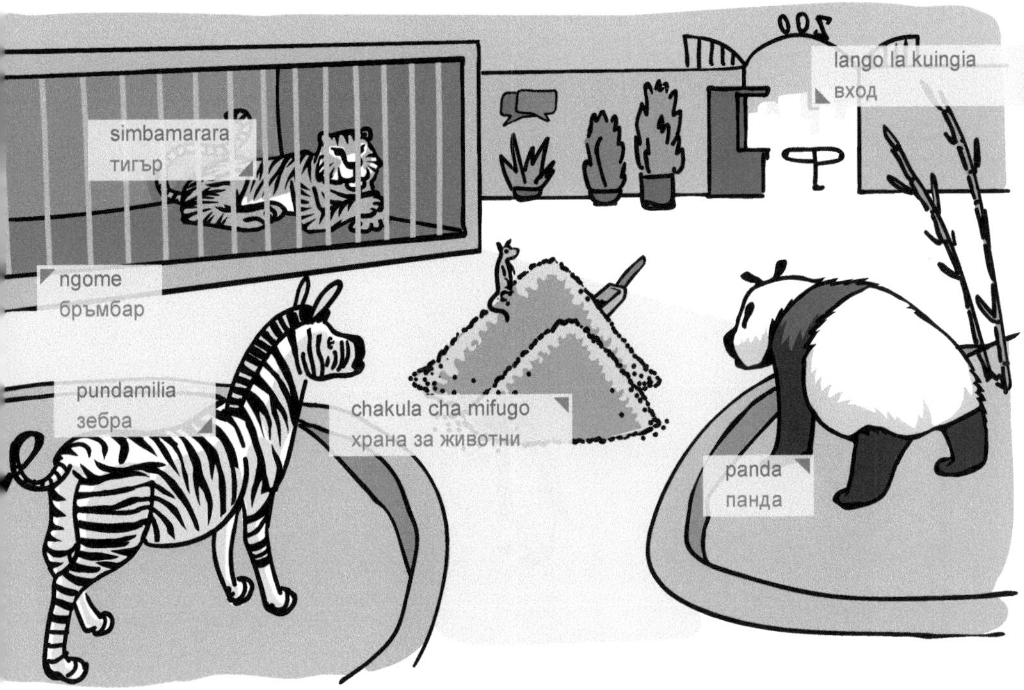
lango la kuingia
вход
simbamarara
тигър
ngome
бръмбар
pundamilia
зебра
chakula cha mifugo
храна за животни
panda
панда

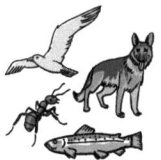

wanyama

животни

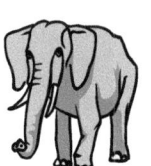

tembo

слон

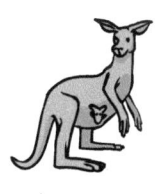

kangaruu

кенгуру

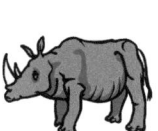

kifaru

носорог

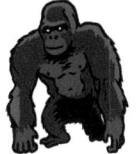

sokwe

горила

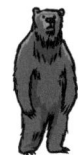

dubu

мечка

ngamia

камила

mbuni

щраус

simba

лъв

tumbili

маймуна

heroe

фламинго

kasuku

папагал

dubu

бяла мечка

penguini

пингвин

papa

акула

tausi

паун

nyoka

змия

mamba

крокодил

mtunza wanyama

пазач в зоологическа
градина

muhuri

тюлен

jaguar

ягуар

bustani ya wanyama - зоологическа градина

mwanafarasi

пони

chui

леопард

kiboko

хипопотам

twiga

жираф

tai

орел

nguruwe mwitu

диво прасе

samaki

риба

kobe

костенурка

sili

морж

mbweha

лисица

paa

газела

soka ya marekani
американски футбол

uendeshaji baiskeli
колоездене

tenisi
тенис

mpira wa kikapu
баскетбол

kuogelea
плуване

ndondi
бокс

magongo ya barafuni
хокей на лед

soka
футбол

vinyoya
бадминтон

riadha
лека атлетика

mpira wa mikono
хандбал

skii
ски бягане

polo
поло

shughuli
дейности

cheka
смея се
kuruka
скачам
kumbatia
прегръщам
kutembea
вървя
kuimba
пея
ota ndoto
сънувам
kuomba
моля се
busu
целувам

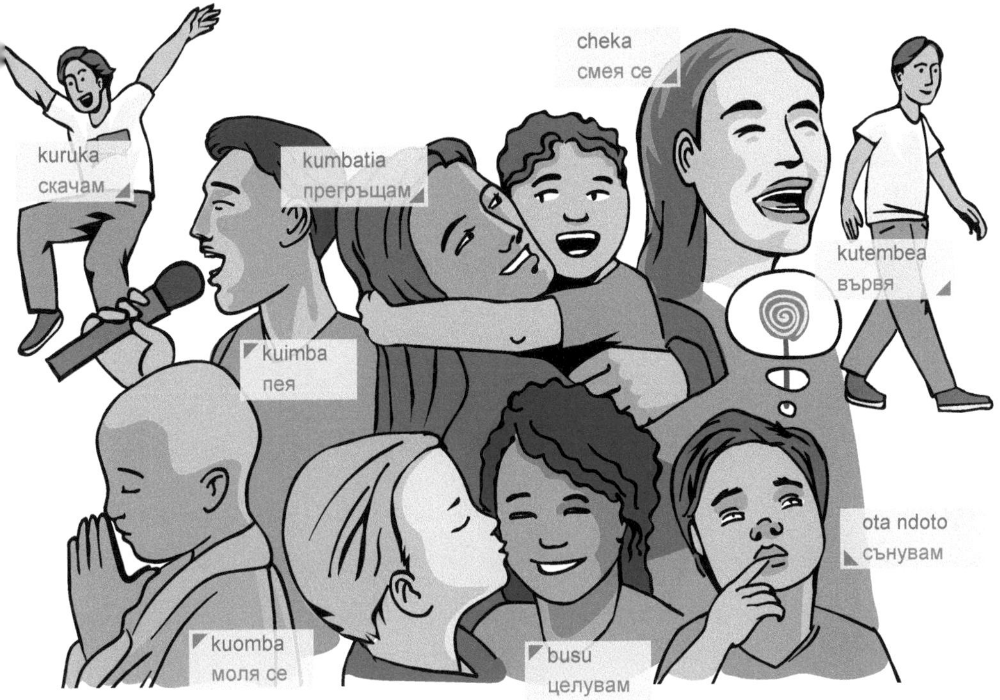

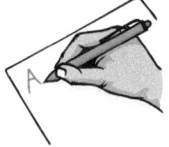

kuandika

пиша

kuteka

рисувам

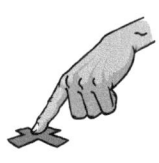

angalia

показвам

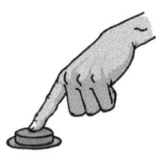

sukuma

бутам

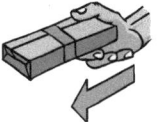

kutoa

давам

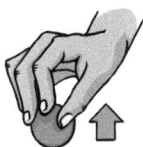

kuchukua

взимам

kuwa
имам

fanya
правя

kuwa
съм

kusimama
стоя

kukimbia
тичам

vuta
дърпам

kutupa
хвърлям

kuanguka
падам

hadaa
лежа

kusubiri
чакам

kubeba
нося

kukaa
седя

vaa nguo
обличам

usingizi
спя

kuamka
събуждам се

kuangalia

разглеждам

lia

плача

kiharusi

милвам

chana nywele

реша се

ongea

говоря

kuelewa

разбирам

kuuliza

питам

kusikiliza

слушам

kunywa

пия

kula

ям

nadhifisha

разтребвам

upendo

обичам

mpishi

готвя

gari

карам автомобил

kuruka

летя

meli

плавам (с платна)

kokotoa

смятане

kusoma

чета

kujifunza

уча

kazi

работя

kuoa

женя се

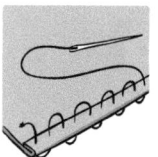

kushona

шия

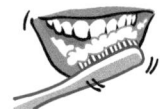

piga mswaki

измивам си зъбите

kuua

убивам

moshi

пуша

kutuma

изпращам

familia
семейство

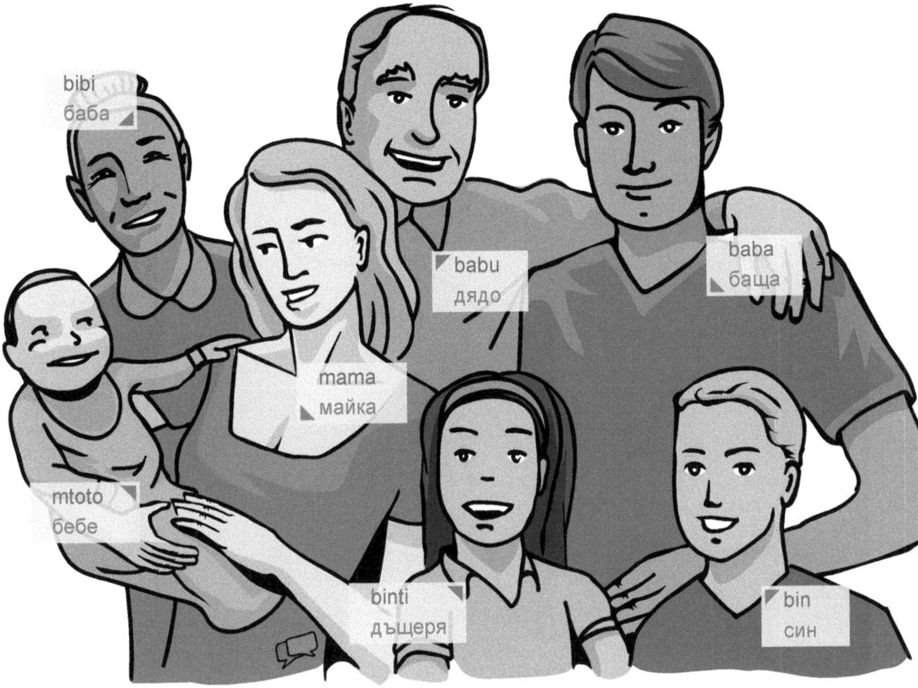
bibi
баба
babu
дядо
baba
баща
mama
майка
mtoto
бебе
binti
дъщеря
bin
син

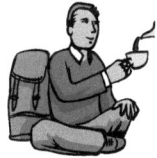

mgeni

посетител

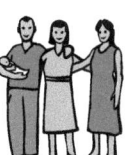

shangazi

леля

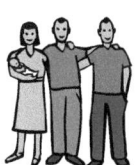

mjomba

чичо

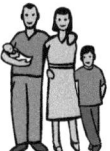

kaka

брат

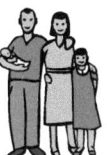

dada

сестра

mwili

тяло

paji la uso
чело
jicho
око
bega
рамо
kidole
пръст
uso
лице
kidevu
брадичка
mkono
ръка
mgu
крак
matiti
гърди
mkono
ръка

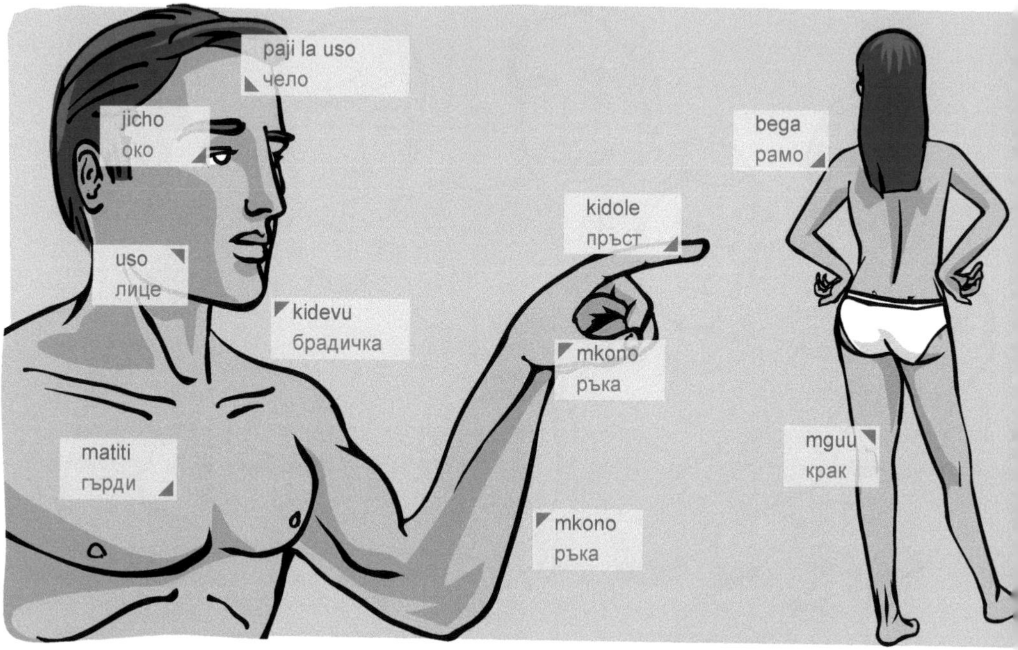

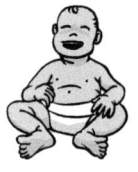

mtoto

бебе

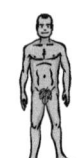

mwanamume

мъж

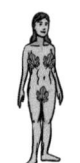

mwanamke

жена

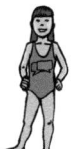

msichana

момиче

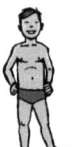

mvulana

момче

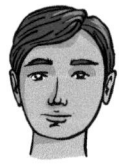

kichwa

глава

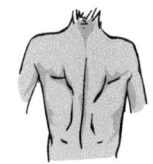

nyuma

гръб

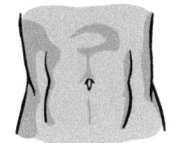

tumbo

корем

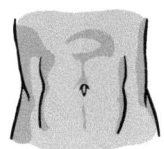

kitovu

пъп

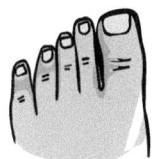

chano

пръст на крака

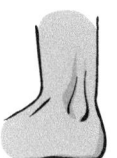

kisigino

пета

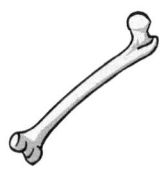

mfupa

кост

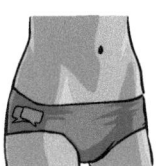

nyonga

хълбок

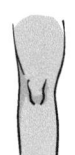

goti

коляно

kiwiko

лакът

pua

нос

chini

седалище

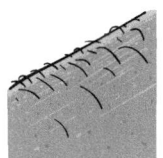

ngozi

кожа

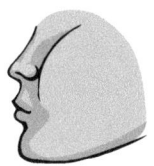

shavu

буза

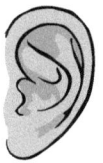

sikio

ухо

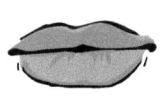

mdomo

устна

kinywa
....
уста

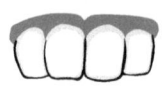

jino
....
зъб

ulimi
....
език

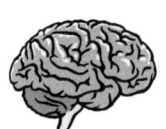

ubongo
....
мозък

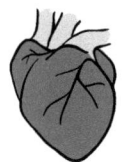

moyo
....
сърце

misuli
....
мускул

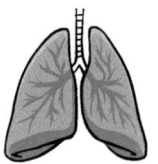

pafu
....
бял дроб

ini
....
черен дроб

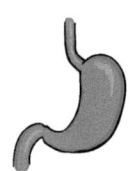

tumbo
....
стомах

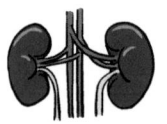

figo
....
бъбреци

jinsia
....
полово сношение

kondomu
....
кондом

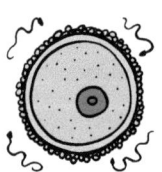

ovari
....
яйцеклетка

shahawa
....
сперма

mimba
....
бременност

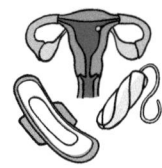

hedhi

менструация

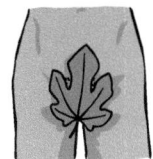

uke

вагина

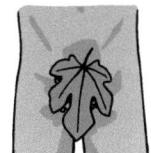

uume

пенис

unyusi

вежда

nywele

коса

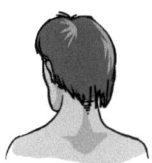

shingo

шия

hospitali
болница

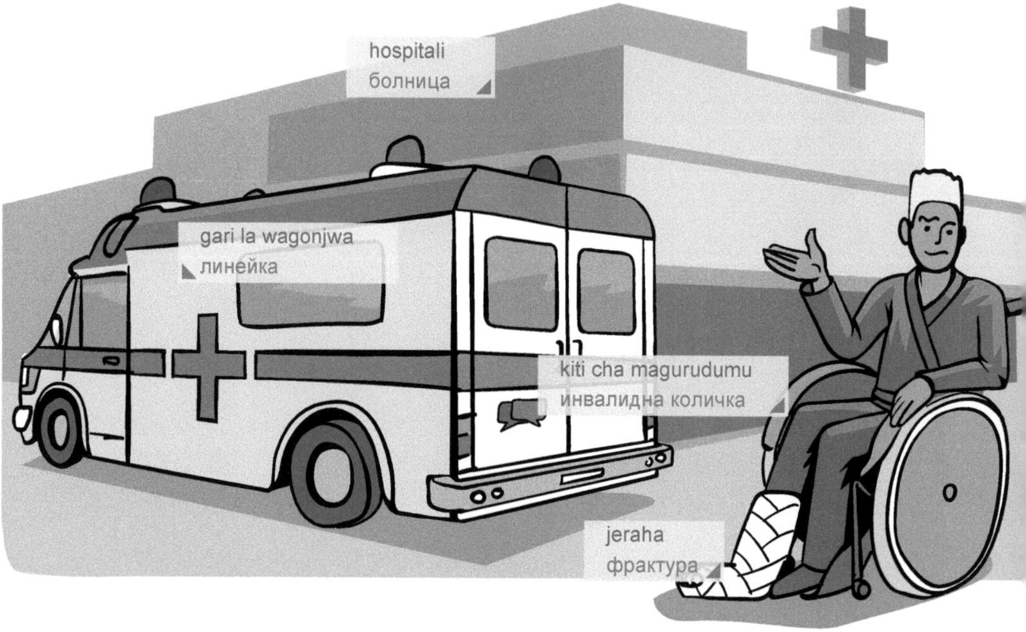

hospitali
болница
gari la wagonjwa
линейка
kiti cha magurudumu
инвалидна количка
jeraha
фрактура

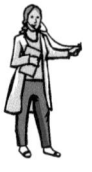

daktari

лекар

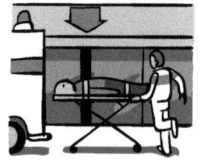

chumba cha dharura

спешна хоспитализация

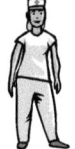

muuguzi

медицинска сестра

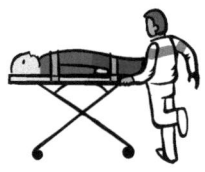

dharura

спешен случай

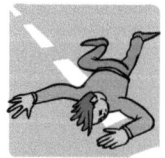

kupoteza fahamu

в безсъзнание

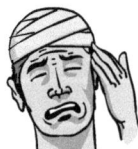

maumivu

болка

kuumia

нараняване

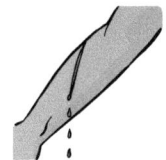

kutokwa na damu

кървене

mshtuko wa moyo

инфаркт

kiharusi

инсулт

mzio

алергия

kikohozi

кашлица

homa

температура

mafua

грип

kuharisha

диария

maumivu ya kichwa

главоболие

kansa

рак

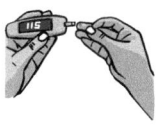

ugonjwa wa kisukari

диабет

daktari mpasuaji

хирург

kisu kidogo cha kupasulia

скалпел

operesheni

операция

picha changanufu ya mwili

компютърна томография

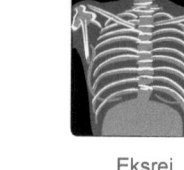

Eksrei

рентген

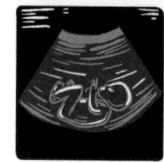

mawimbi sauti

ултразвук

barakoa ya uso

маска

ugonjwa

болест

chumba cha kusubiri

чакалня

mkongojo

патерица

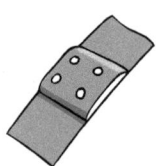

plasta

пластир

bendeji

превръзка

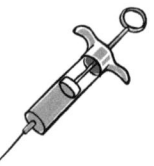

sindano

инжекция

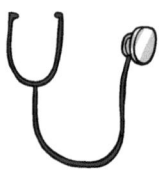

stetoskopu

стетоскоп

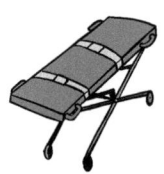

machela

носилка

kipimajoto cha kliniki

термометър

kuzaliwa

раждане

unene kupita kiasi

наднормено тегло

hospitali - болница

kusikia misaada

слухов апарат

kipukusi

дезинфекционно средство

maambukizi

инфекция

virusi

вирус

VVU / UKIMWI

HIV / AIDS

dawa

медицина

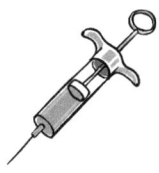

chanjo

ваксинация

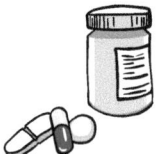

vidonge

таблети

kidonge

противозачатъчна
таблетка

simu ya dharura

спешно телефонно
обаждане

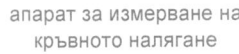

haemodainamometa

апарат за измерване на
кръвното налягане

mgonjwa / mwenye afya

болен / здрав

Msaada!

Помощ!

kengele

сигнал за тревога

pigo

нападение

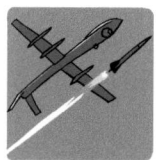

shambulizi

атака

hatari

опасност

lango la dharura

авариен изход

Moto!

Пожар!

kizima moto

пожарогасител

ajali

злополука

vifaa vya huduma ya kwanza

комплект за оказване на първа помощ

wito wa msaada

SOS

polisi

полиция

Ulaya

Европа

Amerika ya Kaskazini

Северна Америка

Amerika ya Kusini

Южна Америка

Afrika

Африка

Asia

Азия

Australia

Австралия

Atlantiki

Атлантически океан

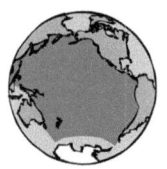

Pasifiki

Тихи океан

Bahari ya Hindi

Индийски океан

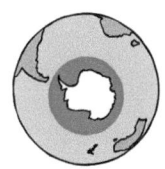

Bahari ya Antaktiki

Южен ледовит океан

Bahari ya Aktiki

Северен ледовит океан

Ncha ya Kaskazini

Северен полюс

Ncha ya Kusini

Южен полюс

Antaktika

Антарктида

dunia

Земя

nchi

суша

bahari

море

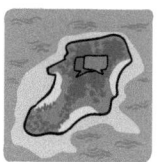

kisiwa

остров

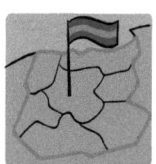

taifa

нация

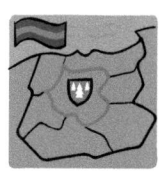

jimbo

държава

uso wa saa

циферблат

akrabu ya saa

стрелка на часовете

akrabu ya dakika

стрелка на минутите

akrabu ya sekunde

стрелка на секундите

Ni saa ngapi?

Колко е часът?

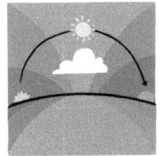

siku

ден

wakati

време

sasa

сега

saa ya dijitali

дигитален часовник

dakika

минута

saa

час

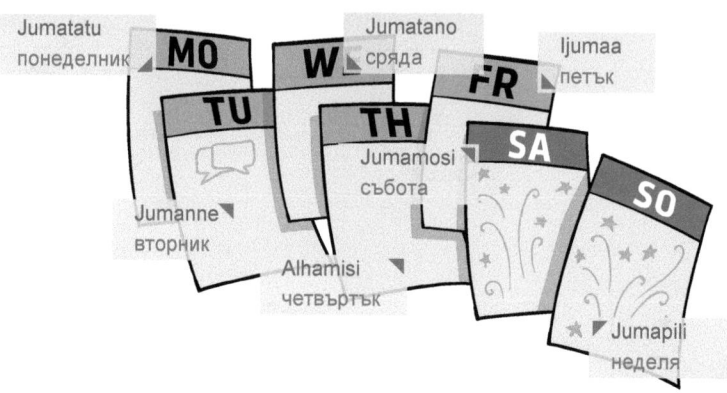

Jumatatu
понеделник

MO

W

Jumatano
сряда

Ijumaa
петък

TU

TH

FR

SA

Jumanne
вторник

Jumamosi
събота

SO

Alhamisi
четвъртък

Jumapili
неделя

jana

вчера

leo

днес

kesho

утре

asubuhi

сутрин

saa sita mchana

обед

jioni

вечер

MO	TU	WE	TH	FR	SA	SU
1	2	3	4	5	6	7
8	9	10	11	12	13	14
15	16	17	18	19	20	21
22	23	24	25	26	27	28
29	30	31	1	2	3	4

siku za biashara

работни дни

MO	TU	WE	TH	FR	SA	SU
1	2	3	4	5	6	7
8	9	10	11	12	13	14
15	16	17	18	19	20	21
22	23	24	25	26	27	28
29	30	31	1	2	3	4

mwishoni mwa wiki

уикенд

mwaka
година

mvua
дъжд
upinde wa mvua
дъга
upepo
вятър
theluji
сняг
majira ya machipuko
пролет
vuli
есен
kiangazi
лято
majira ya baridi
зима

4.APRIL 11°
5.APRIL 4°
6.APRIL 13°
7.APRIL 8°
8.APRIL 10°

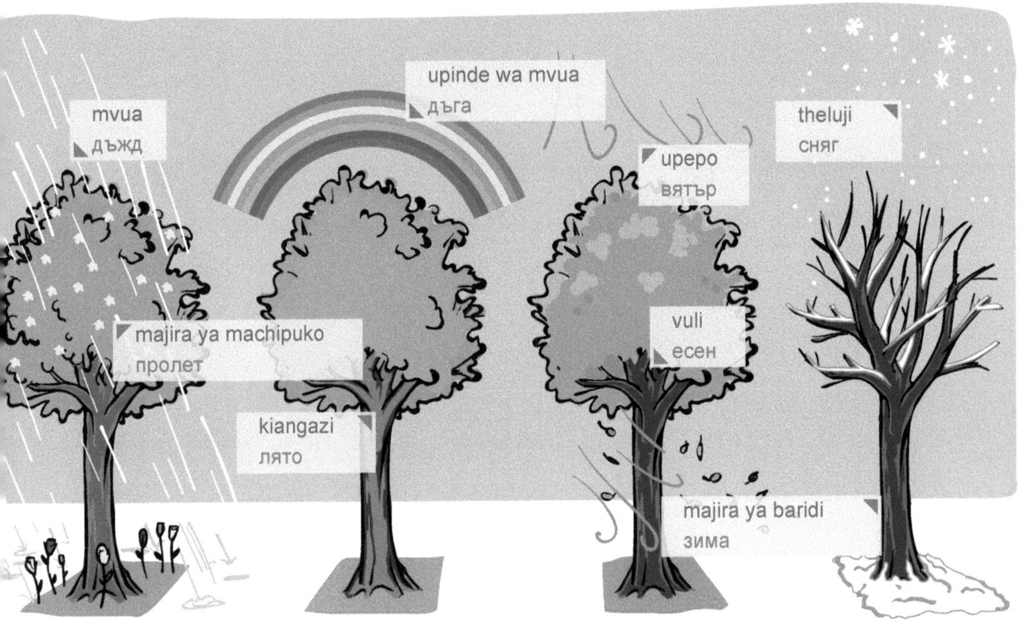

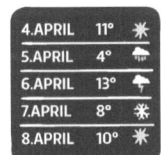

utabiri wa hali ya hewa

прогноза за времето

F
C
120
90
60
30
0
-30
40
30
20
10
0
-10
-20

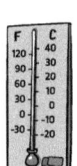

kipimajoto

термометър

mwanga wa jua

слънчева светлина

wingu

облак

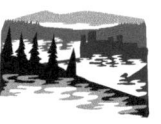

ukungu

мъгла

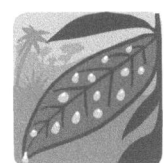

unyevu

влажност на въздуха

umeme

светкавица

radi

гръмотевица

dhoruba

буря

mvua ya mawe

градушка

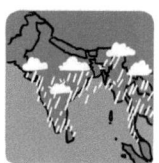

monsuni

мусон

mafuriko

наводнение

barafu

лед

Januari

януари

Februari

февруари

Machi

март

Aprili

април

Mei

май

Juni

юни

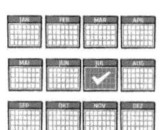

Julai

юли

Agosti

август

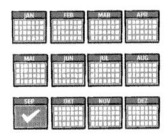

Septemba
....
септември

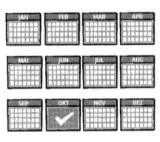

Oktoba
....
октомври

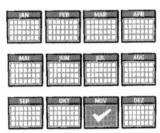

Novemba
....
ноември

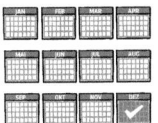

Desemba
....
декември

maumbo
форми

mduara
....
кръг

mraba
....
квадрат

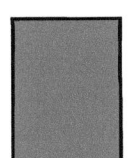

mstatili
....
четириъгълник

pembetatu
....
триъгълник

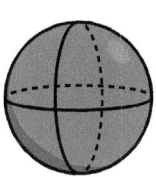

nyanja
....
сфера

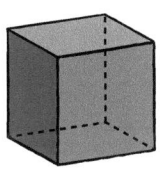

mchemraba
....
куб

nyeupe

бял

manjano

жълт

chungwa

оранжев

rangi ya waridi

розов

nyekundu

червен

hudhurungi

лилав

bluu

син

kijani

зелен

hanja

кафяв

jivujivu

сив

nyeusi

черен

mengi / kidogo

много / малко

hasira / pole

ядосан / спокоен

nzuri / mbaya

красив / грозен

mwanzo / mwisho

начало / край

kubwa / ndogo

голям / малък

angavu / giza

светъл / тъмен

kaka / dada

брат / сестра

safi / chafu

чист / мръсен

kamilika / tokamilika

пълен / непълен

siku / usiku

ден / нощ

wafu / hai

мъртъв / жив

pana / nyembamba

широк / тесен

kulika / kutolika

ядлив / неядлив

ovu / ema

сърдит / любезен

sisimkwa / udhika

развълнуван / скучаещ

nene / nyembamba

дебел / тънък

kwanza / mwisho

най-напред / най-накрая

rafiki / adui

приятел / враг

jaa / tupu

пълен / празен

ngumu / laini

твърд / мек

nzito / nyepesi

тежък / лек

njaa / kiu

глад / жажда

mgonjwa / mwenye afya

болен / здрав

haramu / kisheria

нелегален / легален

akili / kijinga

интелигентен / глупав

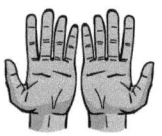

kushoto / kulia

ляво / дясно

karibu / mbali

близо / далече

mpya / kutumika

нов / употребяван

kitu / jambo

нищо / нещо

zee / changa

стар / млад

waka / zima

вкл. / изкл.

wazi / fungwa

отворен / затворен

utulivu / kelele

тих / силен (звук)

tajiri / masikini

богат / беден

sahihi / kosa

правилен / погрешен

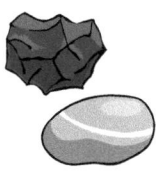

mbaya / laini

грапав / гладък

huzunika / furahia

тъжен / щастлив

fupi /ndefu

дълъг / къс

polepole / haraka

бавен / бърз

nyevu / kavu

мокър / сух

joto / baridi

топъл / студен

vita / amani

война / мир

0

sufuri

нула

1

moja

едно

2

mbili

две

3

tatu

три

4

nne

четири

5

tano

пет

6

sita

шест

7

saba

седем

8

nane

осем

9

tisa

девет

10

kumi

десет

11

kumi na moja

единадесет

12
kumi na mbili

дванадесет

13
kumi na tatu

тринадесет

14
kumi na nne

четиринадесет

15
kumi na tano

петнадесет

16
kumi na sita

шестнадесет

17
kumi na saba

седемнадесет

18
kumi na nane

осемнадесет

19
kumi na tisa

деветнадесет

20
ishirini

двадесет

100
mia

сто

1.000
elfu

хиляда

1.000.000
milioni

милион

Kiingereza

английски

Kiingereza cha Marekani

американски английски

Kimandarini cha Uchina

китайски мандарин

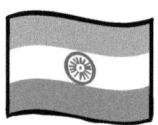

Kihindi

хинди

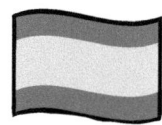

Kihispania

испански

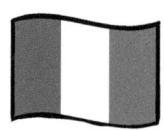

Kifaransa

френски

Kiarabu

арабски

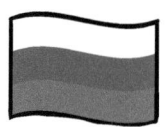

Kirusi

руски

Kireno

португалски

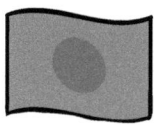

Kibengali

бенгалски

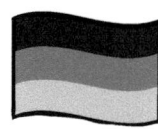

Kijerumani

немски

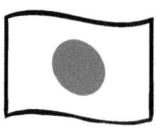

Kijapani

японски

mimi

аз

wewe

ти

yeye / yeye / ni

той / тя / то

sisi

ние

wewe

вие

wao

те

nani?

кой?

nini?

какво?

jinsi gani?

как?

wapi?

къде?

lini?

кога?

jina

име

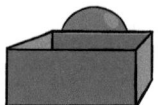

nyuma

зад

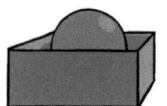

katika

в

mbele ya

пред

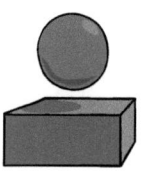

juu ya

над

kwenye

върху

chini ya

под

kando

до

kati

между

mahali

място